ココロをつかむ！

「口説き方《くどきかた》」上達BOOK

くどき上手は仕事上手！

下村　昇 監修
シゴト向上委員会 編

はじめに

「人間」はひとりで生きているのではありません。「人と人との間」で社会的生活を営んでいくことで、初めて生きることができるのです。そのためにも「よい人間関係」が欠かせませんが、それをうまく築けるかどうかは言葉の使い方にかかっているといっても過言ではありません。

社会的生活を送る中では、どうしても人を動かす場面が出てきます。そのとき、あなたはどんなやり方で相手を口説きますか？　命令口調で？　叱って？　確かに、それらも手法としてあると思いますが、言われた当人はあまり気分のよいものではないでしょうし、その後の人間関係もギクシャクしてしまうかもしれません。

ならば、上手に口説いてみてはどうでしょうか？

口説かれて気分を害する人はまずいないでしょうし、**たとえ「下心」が見えていたとしても、「本心から出たもの」であれば、相手の心にはプラスの感情が残る**はずです。

そこで、この本は「良好な人間関係を築きつつ、相手に気持ちよく動いてもらうためには、どのような言葉を使えばよいのか」をテーマにして構成しました。

「思わずうなずくこの一言」では、口説くための言葉のバリエーションを3つずつ取り上げています。

「効き目バツグン！　口説きの実践例」では、普段の生活の中で起こりうる場面を想定して「口説きのセリフ」をまとめてみました。

「実力アップトレーニング」では、口説くための表現をさらにパワーアップさせるには、どのような表現をすればよいのか、楽しみながら学習できるようにしています。

「口説き方」上達のための第一歩は、**相手のよいところを見つけること**です。そんな視点で、この本を楽しんでもらえればと思います。

下村　昇

【目次】

励ます

やる気を引き出す

逃げ腰の相手を捕まえる

決断をうながす

「NO」と拒否されたら

思わずうなずく
この一言

この章では「**口説くための言葉**」を五十音順に並べました。

それぞれの言葉には、３つの「**相手が思わずうなずいてしまいそうな一言**」が例題とともに載っています（３つの言葉に、口説き度の優劣はありません）。

人に何かを頼むとき、どのような言葉をかければよいか？　言葉の使い方次第で、その後の人間関係が好転したり、悪化したりします。

自分の希望をきちんと、かつさりげなく伝えられる表現を探してみてください。

愛想がいいね

誰《だれ》とでも仲良くなれます

口説き度UP

にこやかだね

●相手も思わず笑みがこぼれます

例　今日はまた、いつにも増してにこやかだね。

つき合いやすいね

●見かけとは必ずしも一致しない

例　一見お高くとまってそうだけど、ホントは気さくでつき合いやすいね。

話しかけやすいね

●何でも受け入れてもらえそう

例　宮内さんはいつも笑顔だから話しかけやすいね。

明るいね

具体的に伝えると効果的

口説き度UP

笑顔が素敵だね

●こう言われると、たいていの人は喜びます

例　川上さんのいいところは、笑顔が素敵なところだね。

キラキラしているね

●生き生きとした様子が伝わります

例　藤田さんは、今日もキラキラしているね。

幸せな気分になるね

●天使に話しかけているように

例　細川さんがいるだけで、不思議と幸せな気分になるね。

アグレッシブだね

勢いを感じさせてくれる相手に

口説き度UP

積極果敢だね

●目標に突進していくイメージで

例　前田君は最近、目標達成に向けて積極果敢だね。

精力的だね

●仕事でもプライベートでも疲れ知らずの人には

例　朝早くから夜遅くまで、君は実に精力的だね。

男らしいね

●最近では「やさしさ」も加わりましたが……

例　この難局にたったひとりで立ち向かうなんて、男らしいね。

遊び心があるね

風流人には必《ひっ》須《す》のたしなみ

口説き度UP

ゆとりがあるね

●経済的なことに限りません

例　こんなピンチにも動じないなんて、ゆとりがあるね。

しゃれっ気があるね

●服装でも会話でも、気の利いた人に

例　松田さんの会話はしゃれっ気があるね。おもしろい。

楽しい気持ちになるね

●まじめな部分にユニークさをちょっと加えて

例　君の作品を見ていると、なんだか楽しい気持ちになるね。

頭がいいね

生まれつきもありますが……

口説き度UP

頭の回転が速いね

●次々と話を展開できる人には

例　話を次々に展開させるなんて、頭の回転が速いね。

クリアだね

●頭の中がきちんと整理されている人です

例　君の話は、クリアだね。

別次元だね

●天才の域に近い人には、この表現がよいでしょう

例　西野さんの発想は、我々とはもう別次元だね。

いい動きだね

軽快さをほめてあげよう

口説き度UP

フットワークがいいね

●次から次へと仕事をこなしている人に

例　昨日は現場、今日は得意先と、本当にフットワークがいいね。

マメだね

●なかなか真《ま》似《ね》できないことです

例　君は本当にマメだね。

労を惜しまないね

●「貢献」という言葉がピッタリ

例　目標達成のためには、最後の最後まで労を惜しまないね。

いい感じだね

言葉はあいまいでも、相手はちょっとうれしくなります

口説き度UP

ナイスだね

●「Good！」と思ったら、ほめてあげましょう

例　さすが室伏君、ナイスだね。

きてるねぇ

●相手の勢いを感じたら

例　ううん、きてるねえ。

内面がにじみ出ているね

●人柄のよい人にはこの表現で

例　この新しいプランは、千葉さんの内面がにじみ出ているね。

いい人だね

「好感触。でも恋人未満の人」にも使うけど……

口説き度UP

安心できるね

●友を決して裏切らない人には

例　君と話していると、安心できるね。

ほっとするね

●長くつき合うには、こんな人が一番

例　一緒にいるとほっとするね。君とはずっとこの関係を続けたいよ。

君ほどの人はなかなかいないね

●その他大勢じゃないことを強調してあげよう

例　いろんな人とつき合ってきたけど、君ほどの人はなかなかいないね。

威厳があるね

自己を確立したゆるぎない信念の人に

口説き度UP

自信に満ちているね

●誇り高い人には、この言葉を

例　君の行動は、自信に満ちているね。

言葉に重みがあるね

●経験豊富な人に

例　さすが、部長の一言は言葉に重みがありますね。

場の空気が変わるね

●その人を中心に物事が動いている場合に

例　課長の発言で、場の空気が変わりましたね。

潔いね

「武士道」から受け継がれた日本人の美徳のひとつ

口説き度UP

思い切りがいいね

●ときにはこんな決断の仕方も必要です

例　ひとつ間違えれば、億単位の損害だけど……思い切りがいいね。

迷いがないね

●自分のポリシーに従って生きている人に

例　君の受け答えには、迷いがないね。

気持ちがいいよ

●「チョー」がつけば、水泳の北島康介選手でおなじみ

例　そこまではっきり指摘してもらうと、かえって気持ちがいいよ。

一緒にいてほしい

ただ、いてくれるだけで安心する

口説き度UP

さびしいよ

●母性本能に訴えるのも有効です

例 俺《おれ》、今日は無性にさびしいよ。

そばにいて

●より親密な感じがします

例 頼む。今はそばにいてほしい。

もう少しこのままで

●ふたりだけの時間を、もっと長く味わいたいときに

例 あっ、待って。もう少しこのままでいようよ。

いつもと違うね

ちょっとした変化にも、気づいてあげよう

口説き度UP

なんかいい事あった？

●「幸せのおすそ分け」が期待できるかも

例　いい表情しているね。なんかいい事あった？

髪切った？

●雰囲気が変わったと感じたら

例　髪切った？　雰囲気が変わったね。

今日は一段と素敵だね

●普段も素敵だけど、より一層、というニュアンスで

例　すばらしい！　今日は一段と素敵だね。

大きいね

いろいろな意味で使われます

口説き度UP

立派だね

●惚《ほ》れぼれするような大きさには

例　実に立派ですねぇ。見とれてしまいました。

圧倒しているね

●「もう降参します！」という思いをこめて

例　いやもう、圧倒しているね。他《ほか》がかすんで見えるよ。

かなわないなぁ～

●自分と比較して表現するなら

例　君にはとてもかなわないなぁ～。

落ち着いているね

単におとなしいのとは違います

口説き度UP

動じないね

●普段から冷静な人にはこういう表現で

例　突然の問題発生でも、久保さんは動じないですね。

安定しているね

●自分の生き方をしっかり持っている人です

例　岩下さんの考え方は、いつも安定していますね。

クールだね

●「冷たい人」と誤解されないように、使い方には気をつけて

例　ニヒルな感じが、とってもクールだね。

お願いがあります

頼み事をしたいのなら

口説き度UP

君が頼りだよ

●頼りにされると、うれしいものです

例　ぜひ、やってほしいんだ。君が頼りだよ。

ついでのときでいいんだけど

●ときには少し下手に出てみるのも

例　ついでのときでいいんだけど、ダメかなぁ。

私の顔を立てると思って

●後輩、部下に頼むなら、こんな言い方もありです

例　私の顔を立てると思って、なんとかやってくれないかな。

かっこいいね

外見だけじゃなく、内面も備わっている人もいます

口説き度UP

モテるでしょ

●少しからかい気味に言ってみよう

例 吉川さんって、どこに行ってもモテるでしょ。

手本にしたいね

●言われた相手はますますヤル気に

例 その言い方いいよ。僕も手本にしたいね。

うらやましいなぁ〜

●相手の自尊心をくすぐりたいときはこれ！

例 「わが社のデートしたい男」第3位ですか。うらやましいなぁ〜。

我慢強いね

最近の若者に欠けていると言われます

口説き度UP

忍耐力があるね

●つらい苦しみが人を成長させる

例　山脇君は若いのに忍耐力があるね。

持久力があるね

●限界は自らが作り出すもの

例　北山さんは、次から次へと仕事をこなして持久力がありますね。

粘りがあるね

●追いこまれても決してあきらめない態度に

例　先方の担当者があんなに厳しい条件を言ってきたのに、君は粘りがあるね。

かわいいね

女性へのほめ言葉 No.1 です

口説き度UP

キュートだね

●守ってあげたくなるほどかわいい人に

例　そんな仕草をする君は、キュートだね。

ピチピチしているね

●若さを表す言葉です

例　あれぇ、なんだか今日の加藤さんの肌は、ピチピチしているね。

ポップな感じだね

●ノリがよくておしゃれな人なら

例　今度新しく入ってきた森川さんは、ポップな感じだね。

観察力があるね

注意力がある人です

口説き度UP

チェックが細かいね

●嫌みにならないように

例　内海さんの仕事は、チェックが細かいから、間違いがないよ。

冷静な分析力だね

●「参謀タイプ」の人に言ってみましょう

例　今回の危機を防げたのは、仲根君の冷静な分析力のおかげだね。

空気を読むのがうまいね

●一緒に仕事がしやすくなります

例　よいフォローだったよ。空気を読むのがうまいね。

がんばれよ

励ますには一般的な表現

口説き度UP

ベストを尽くして

●「失敗を恐れるな」の意味も込めて

例　自分のベストを尽くせばいいんだよ。

悔いのないように

●部下を育てる意味にも使える言葉

例　悔いのないようにやることが大切なんだ。

肩ひじ張らないでいいから

●緊張しやすい相手には、気を楽にさせてあげよう

例　肩ひじ張らないでいいから、やってみよう。

聞いてほしい

まず相手の興味を引くことが肝心

口説き度UP

ココだけの話ですが

●内緒事が好きな相手には、効果的

例　あの、ココだけの話ですが……。

秘密にしておいてほしいんですが

●「自分にだけ」というのがよい

例　他《ほか》の人には、秘密にしておいてほしいんですけど、よろしいでしょうか？

ねえ、知ってる？

●興味深い話は、周りも巻き込もう

例　ねえ、知ってる？　今度の部長ってさあ……。

気が利くね

こういう人がいれば、能率は上がります

口説き度UP

勘がいいね

●先読みできる人には、この言葉

例　そういうことなんだよ。勘がいいね。

仕事がしやすいね

●「君のおかげ」と感謝の気持ちをこめて

例　君がよくやってくれるから、仕事がしやすいね。

さすが○○さんだね

●相手の名前を呼んであげると効果倍増

例　よくわかったね。さすが大月さんだね。

期待してるよ

励ましたいときにはこの言葉

口説き度UP

腕がいいんだってね

●職人的気質を持った人なら

例　聞いてるよ。腕がいいんだってね。

評判いいらしいね

●気持ちよく仕事をしてもらいたいときに効果的

例　評判いいらしいね。先方の福原さんがほめてたよ。

いいモノを持っていそうだね

●やる気のある相手に有効

例　目の輝きが違うよ。いいモノを持っていそうだね。

気品があるね

ただ「セレブ」というよりも

口説き度UP

凛《りん》としているね

●女性には、最上のほめ言葉かも

例　剣持さんは、立ち姿が凛としているね。

風格があるね

●特別な味わいのある人なら

例　君には王者の風格があるね。

オーラを感じるね

●存在感のある人へ

例　大木さんは、遠くからでもオーラを感じるね。

義理堅いね

ドライな世の中に求められます

口説き度UP

献身的だね

●「自己犠牲」という言葉がふさわしい

例　君の働きぶりは献身的だね。信頼できるよ。

人間ができているね

●若くても、こういう人はいます

例　あそこまでやってくれるなんて、君は人間ができているね。

そこまでしてもらって申し訳ないね

●相手の誠意には心から感謝をこめて

例　ホントにありがとう。そこまでしてもらって申し訳ないね。

きれいだね

よく使われる言葉ですが、ときにはひとひねりして

口説き度UP

周りがかすむね

●「特別の存在」という思いを伝えるなら

例　君がそこにいると、周りがかすむね。

見てると気持ちが和むね

●ほっとさせてくれる人に

例　矢島さんを見てると気持ちが和むね。

女神の生まれ変わりだね

●「初めての衝撃」という意味をこめて

例　君は、女神の生まれ変わりだね。

元気がいいね

こういう人は見ていて気持ちがいいものです

口説き度UP

威勢がいいね

●体育会系出身の人にピッタリ

例 力強い返事だ。威勢がいいね。

情熱的だね

●一所懸命さが伝わってきます

例 君の営業スタイルは情熱的だね。

はつらつとしているね

●若い人にはこんな表現も

例 いつもはつらつとしているね。こちらも気持ちがいいよ。

交渉力があるね

とかく日本人は交渉下手と言われますが……

口説き度UP

堂々としているね

●どんなときでもそうありたい

例　他人の中傷なんか気にせず堂々としているね。

迫力があるね

●相手はこれで圧倒されてしまいます

例　田岡部長のプレゼンは迫力がありますね。

代わりにお願いしたいよ

●同席してもらうだけでも心強い

例　こんな条件で契約をまとめるなんて、俺《おれ》の方も代わりにお願いしたいよ。

腰が低いね

下心を感じさせないように

口説き度UP

丁寧ですね

●礼儀正しい人へ一般的な表現です

例　ヒラ社員にまで挨拶《あいさつ》にいらっしゃるなんて、新しい局長はずいぶん丁寧ですね。

謙虚な方ですね

●地位の高い人ほど必要なもの

例　若い社員の話にも耳を傾けるなんて、岩田社長は謙虚な方ですね。

できた人だね

●驕《おご》りのない人にふさわしい

例　平井さんはどんな相手にも謙虚で、本当にできた人だね。

こぢんまりとしているね

ただ「小さい」だけでは芸がない

口説き度UP

とてもかわいらしいね

●女性は特にうれしく思うのでは？

例　このバッグは、とてもかわいらしいね。

余計なものがないね

●「シンプル イズ ベスト」です

例　余計なものがなくて、すっきりしているね。

収まりがいいね

●周りとピッタリ合うのなら

例　手ごろなサイズで、とても収まりがいいね。

古風だね

「古くさい」と誤解されそうですが、相手次第

口説き度UP

奥ゆかしいね

●日本人の美徳です

例 阿部さんは、本当に奥ゆかしいですね。

伝統を感じるね

●どこか新しさを感じさせます

例 今度の新商品は、我が社の伝統を感じさせるよ。

日本男児(大和《やまと》撫子《なでしこ》)だね

●今や、貴重な存在です

例 君は日本男児そのものだよ。

さわやかだね

清々《すがすが》しい感じを表現してみましょう

口説き度UP

透き通るようだね

●世間ずれしていない心の美しさを表して

例　君といると、心が透き通るようだね。

心が洗われるようだね

●自分が清められている感じで

例　君としゃべっていると、心が洗われるようだね。

5月の青空みたいだね

●わかりやすく具体的な表現は効果的

例　君はまるで、5月の青空みたいだね。

趣味がいいね

自分と違う感覚も、まずはほめてみよう

口説き度UP

よく似合ってるね

●こう言われると、誰《だれ》でもうれしいはず

例　その時計、井関さんによく似合ってますね。

品があるね

●ワンランク上の感じで

例　実用的だけど、どことなく品があるね。

センスがいいね

●流行の最先端をほめるように

例　根岸さんの着ている服って、すごくセンスがいいですね。

上手だね

ほめ方としては一般的ですが

口説き度UP

筋《スジ》がいいね

●これからもっと伸びると、期待をこめて

例　井村君は、なかなか筋がいいね。

プロ級だね

●玄人も逃げ出す腕前の人に

例　ここまで来ると、もうプロ級だね。

それで生活できるね

●独立心をくすぐります

例　すごい！　君はそれで生活ができるね。

将来性があるね

人を育てるには、ほめることから

口説き度UP

有望株だね

●向上心があれば、この言葉で奮起します

例 君は、我がチームの有望株だね。

期待の新星だね

●相手には、よい緊張感を与えます

例 入社早々すごいじゃないか。期待の新星だね。

○年後にはエースだね

●期待の大きさが伝わります

例 よくここまでやったな。3年後にはエースだね。

知らせてほしい

「報告、連絡、相談」は社会人の基本

口説き度UP

問題があれば相談に乗るよ

●こんな一言が人望を集めます

例　どうだい？　問題があれば相談に乗るよ。

君の報告を待ってたんだよ

●「報告が遅い！」では部下が萎縮《いしゅく》します

例　どうだった？　君の報告を待ってたんだよ。

うまくいってるんだって？

●プラス言葉で語りかけてみよう

例　君に任せた例の件、うまくいってるんだって？

すぐできますよ

スピード感は大事です

口説き度UP

お時間はとらせませんよ

●急いでいる相手には、この一言

例　ほんの少しだけ……お時間はとらせませんよ。

即 OK しますよ

●結論を求めたがるせっかちな相手には

例　ええ、この場で即 OK しますよ。

一瞬ですよ

●ちょっとオーバーですが、意外と効果的です

例　もう待ち時間も必要ありません。ほんの一瞬ですよ。

正義感が強いね

何事もプライドをもって取り組んでほしい

口説き度UP

曲がったことが嫌いなんですね

●私心のない、自分にも厳しい人です

例　自分に何のメリットもないだろうに。曲がったことが嫌いなんですね。

高潔な人柄だね

●いつまでも清らかでありたい

例　結果最優先の世界で、珍しいくらい高潔な人柄だね。

大義を重んじるタイプだね

●頭のどこかで天下国家を考えているハズ

例　あそこまで義理立てしなくてよいのに、松平さんは大義を重んじるタイプですね。

セクシーだね

くれぐれもプライベートだけにしておきましょう

口説き度UP

魅惑的だね

●神秘的な色気を感じさせる相手なら

例　君の瞳《ひとみ》はほんとに魅惑的だね。吸いこまれそうだ。

ビビッとくるね

●かつて某アイドルが流行らせました

例　小川さんにはビビッとくるね。

この小悪魔め

●使いこなすにはテクニックを要します

例　僕の心を惑わせる、この小悪魔め。

そそられるよ

相手があまりに魅惑的なときには使ってみたい

口説き度UP

グッとくるよ

●虜《とりこ》になった感じが伝わります

例　その後ろ姿、グッとくるよ。

思わず息をのんだよ

●これくらい大げさな表現でも

例　君に初めて会ったとき、思わず息をのんだよ。

クラクラするよ

●少しふざけながら、気持ちを伝えてもOK

例　君の前では、もうクラクラさ。

大切にしたい

愛情をしっかりと伝えてあげましょう

口説き度UP

かけがえのない

●自分にとってのオンリーワン

例　当たり前じゃないか。君はかけがえのない人だもの。

ずっと大事にするよ

●一時の感情ではなく、思いをこめて

例　君のことをずっと大事にするよ。

けっして悲しませないよ

●楽しい将来を語ってあげよう

例　これからは僕がいる。もう、けっして悲しませないよ。

多才だね

オールラウンドに活躍できる人です

口説き度UP

才能豊かだね

●秘めた可能性を引き出せるかも

例 初めてなのにすぐにできるなんて、才能豊かだね。

ゼネラリストだね

●上昇志向の人には効きます

例 君のようなゼネラリストこそ、管理職にふさわしいね。

守備範囲が広いね

●人間的な大きさも表したいなら

例 相川さんは、どんな案件でもこなせて、守備範囲が広いですね。

力がついたね

成長を認めてあげると、もっとやる気が出る

口説き度UP

いい顔になったね

●仕事での成長は表情にも表れるものです

例　入社して 10 年か。いい顔になったねえ。

雰囲気が出てきたね

●「貫禄《かんろく》」では言い過ぎというときに

例　営業マンらしい雰囲気が出てきたね。

動きに無駄がなくなったね

●具体的にほめたいとき、こういう表現も

例　うん、いいよ。動きに無駄がなくなったね。

強いね

強さにもいろいろあります

口説き度UP

無敵だね

●絶対的な強さを表現するなら

例　この世界で、君は無敵だね。

たくましいね

●男らしさを表す形容詞ですが、最近は女性でも……

例　君は心身ともにたくましいね。

全然かなわないね

●勝負を挑んだ者はみんな退散

例　どんな相手でも、君には全然かなわないね。

的確だね

判断力に優れた人です

口説き度UP

的を射ているね

●「当を得ている」とも言います

例　そのとおり！　その意見は的を射ているね。

アドバイスしてほしいな

●助け舟が欲しいなら

例　どうするか迷っているんだけど、アドバイスしてほしいな。

参考にさせてください

●相手を少し持ち上げて

例　佐久間部長のやり方を参考にさせてください。

なごみ系だね

○○系の表現はすっかり定着したようです

口説き度UP

あったかい気持ちになるよ

●いわゆる「あったか系」

例　こんなにやさしくされると、あったかい気持ちになるよ。

心の傷が癒《い》えるよ

●重宝される「癒《いや》し系」

例　こうして甲斐甲斐《かいがい》しく面倒を見てくれると、ホント心の傷が癒えるよ。

ほのぼのするよ

●のんびりしたいときは「ほのぼの系」

例　夕日をバックに君を見ていると、どことなくほのぼのするよ。

人間ができてるよ

こう言われるようになりたいもの

口説き度UP

◯◯の鑑《かがみ》だよ

●模範となればすばらしい

例　体を張って社長を守るなんて、君は秘書の鑑だよ。

大人ですね

●法律上の大人はたくさんいますが……

例　嫌いな相手でも笑顔で応対できるなんて、大人ですね。

包容力がありますね

●包みこむ大きさをイメージしながら

例　別れた彼女の悩みを聞いてあげる新井さんて、包容力がありますね。

熱心だね

一所懸命さをほめてあげよう

口説き度UP

気合が入ってるね

●期待感を込めると、励みになります

例　こんなに早くから出社するなんて、気合が入ってるね。

姿勢がいいよ

●仕事にはスタイルがある

例　野口君の、お客様に対する姿勢はすごくいいよ。

バリバリだね

●若い社員には、かえって新鮮

例　湯川君は、今日もバリバリだね。

話がうまいね

「ダマし方がうまい」と思われないように

口説き度UP

言い得て妙だね

●的確な表現をする人に

例　君のたとえ話は、実に言い得て妙だね。

イメージしやすいね

●話の組み立て方がうまい人です

例　君の話は具体的にイメージしやすいね。

時間がたつのを忘れたよ

●おもしろい話をする相手にはこう言いましょう

例　話を聞いていたら、すっかり時間がたつのを忘れたよ。

話し上手だね

話し好きな人には、ぜひ使ってみよう

口説き度UP

とても勉強になるね

●博識な人には、この言葉

例　丹羽さんの話は、とても勉強になりますね。

思わず聞き入ってしまうね

●こう言ってもらうと、相手も満足しそう

例　おもしろいねぇ。思わず聞き入ってしまうね。

話によどみがないね

●話の「組み立て」がうまい人には効果的

例　話によどみがないから、実にわかりやすい。

太っ腹だね

度量の大きさを持ち上げて

口説き度UP

リッチだね

●セレブ的なニュアンスも匂《にお》わせて

例　ここって全品が時価の店ですよ！　リッチなんですね。

景気がいいね

●仕事が順調だと、気前がよくなる

例　最近業績好調なんだって？　景気がいいね。

ごちそうさまです

●深々と頭を下げると、気持ちイイ

例　どうもごちそうさまです！

マイペースだね

「KY」だと誤解されないように

口説き度UP

自然体だね

●気負いがない人には、言ってみよう

例 誰《だれ》でも力が入りがちなのに、君は自然体だね。

自分を持ってるね

●信念がある人に効果的

例 売れ筋に目もくれないなんて、自分をしっかりと持ってる人だね。

君には及ばないね

●オリジナル性を強調してみよう

例 その発想の自由さは、とても君には及ばないね。

前向きだね

この姿勢が、向上心につながる

口説き度UP

ポジティブだね

●カタカナで言うと、前向きさが強まります

例　考え方がポジティブだから、よい結果が出たんだよ。

勇気があるね

●チャレンジ精神を称《たた》えて

例　率先してトラブルに立ち向かうなんて、勇気があるなあ。

僕には真《ま》似《ね》できないよ

●困難に立ち向かっていく人に

例　それでもやるか。僕には真似できないなあ。

まじめだね

「まじめさ」は信用につながります

口説き度UP

堅実だね

●たとえスローでも手堅い人には

例　手嶋さんの仕事ぶりは、実に堅実だね。

正統派だね

●約束事をきちんと守る人なら

例　最近は「新手法」が目立つけど、その点君は正統派だね。

安心できるよ

●信頼していることを伝えよう

例　最後まで確実に仕事をこなすから、安心できるよ。

まっすぐだね

「我が道をゆく」。そんな相手に

口説き度UP

意志が強いね

●有言実行している人に効果的

例　あの状況でやり遂げるなんて……君は意志が強いね。

軸がぶれないね

●他人の意見に左右されない人向け

例　誰《だれ》がなんと言おうと、永田さんは軸がぶれないね。

一本筋が通っているね

●曲がったことは嫌いという人には

例　君の意見には一本筋が通っているね。

見事だね

心の底から賞賛したいときに

口説き度UP

感動したよ

●元首相もよく使ってました

例　いやあ、よいものを見せてもらった。感動したよ。

天才的だね

●「的」をつけるのがポイント

例　あなたの発想は、実に天才的だね。

あっぱれだね

●多少、大げさな身振りを交えて

例　石井君、よくやった。あっぱれだよ。

見る目があるね

感覚の世界は人それぞれです

口説き度UP

鋭い感性だね

●きらりと光る感性の持ち主に

例　よく気づいたなあ。鋭い感性だね。

外れなしだね

●物事の的を射抜く才能をほめるなら

例　君の考える商品は、外れなしだね。

目が肥えているね

●選択眼にすぐれた人には、この言葉

例　自然にいいモノを選ぶのは、目が肥えている証拠だよ。

目立つね

悪くとられる場合もあるのでご注意を

口説き度UP

華《はな》があるね

●スター性を備えた人に

例　君のように華のある人が中心に座らなきゃ。

ゴージャスだね

●思い切りおしゃれをしている人に

例　今日の服装は、とてもゴージャスですね。

パッと明るくなるね

●楽しい雰囲気を持った人に

例　君がいると、周りがパッと明るくなるね。

物静かだね

おとなしい人には、それなりのよさがある

口説き度UP

思慮深いね

●それなりに意見を持っている人に

例　口数は少ないけど、思慮深いね。

存在感があるね

●無視できない人に

例　何も言わなくても、存在感があるね。

一緒にいると落ち着くね

●相手を気遣うことができる人に

例　うるさくないから、一緒にいると落ち着くね。

物知りだね

「生き字引」とも言います

口説き度UP

博識だね

●「物知り」と同じ意味でも、少し知的に聞こえます

例　さすが部長、社内一の博識ですね。

読書家だね

●いつも本を読んでいる人なら

例　君は本当に読書家だね。知識が深いよ。

いつ勉強しているの？

●忙しそうな人には、こう言ってあげよう

例　君の知識量には脱帽したよ。一体いつ勉強しているの？

やさしいね

無難な一言。可もなく不可もない

口説き度UP

思いやりを感じるね

●やさしさがグッと身近に感じられます

例　言葉のはしばしに、思いやりを感じるね。

相手の気持ちがわかる人だね

●気持ちをこめて敬意を表して

例　相手の気持ちがわかる人だね。すごいなあ。

情が深いね

●魅力的な相手には、ぜひ使ってみたい。

例　及川さんは、本当に情が深い人だね。

ユニークだね

よい意味でも悪い意味でも使えます

口説き度UP

個性的だね

●個性のないのもひとつの個性

例　君の服装はいつもながら個性的だね。

型破りだね

●いつの世も時代を切り開く人です

例　渡辺君の発想は、この業界では型破りだね。

異彩を放っているね

●意外性があって優れたものを感じさせる場合には

例　君のあの提案は異彩を放っているね。

要領がいいね

悪い意味で誤解されないように

口説き度UP

テキパキしてるね

●働きぶりが目に浮かびます

例　テキパキしてるね。助かるよ。

スピーディだね

●動きがよい人に一言伝えたいときは

例　いや～、木島さんは仕事がスピーディだね。

見習いたいね

●「その人ならではは」の能力をほめたたえよう

例　君のやり方を、ぜひ見習いたいね。

よくやったね

ときには、ねぎらいの言葉をかけましょう

口説き度UP

いい仕事をしたね

●自信につながるほめ方です

例　いい仕事をしたね。この経験は今後に生きてくるぞ。

任せて正解だったね

●こう言われると、相手の向上心が育ちます

例　難しい案件だったけど、君に任せて正解だったね。

できると思っていたよ

●期待通りだったことを伝えたいなら

例　そうか、よくやった。君ならできると思っていたよ。

まとめ

口説き方にもいろいろな言い方があり、同じ意味でも言い方ひとつでガラリと印象が変わります。「思わずうなずくこの一言」では、相手の心を動かし、思わずうなずいてしまうようなフレーズを増やしていくことが大きなテーマになっていますが、自分と相手の気持ちに合った言い方を選ぶことが重要です。

もちろん、この章で紹介した以外にも、ひとつの言葉から派生する言い方は無数にあり、その材料は実際の会話だけでなく、テレビや映画、本など、どこにでもあります。

ぜひ、使ってよかった言葉や自分なりに工夫した言葉を加えて、「口説き言葉」を増やしていってください。

効き目バツグン！口説きの実践例

この章は、前章の「思わずうなずくこの一言」で学んだ言葉の選び方をさらに発展させるべく、「**セリフを基にした実践編**」になっています。

特に日常で起こりやすいと思われるシチュエーションの中で、いかに相手を気持ちよくさせて口説くかについて、具体的には「相手の能力を口説く」「相手の魅力を口説く」「とにかく口説く」などのテーマごとにセリフとともに解説しています。

相手の能力を口説く①

自分のミスを
とがめられたくないとき

「申し訳ありません。部長の丁寧なご指導にもかかわらず、自分の力不足でした」

遠回しに相手も関わっていると思わせよう

「まだまだ部長の営業力には、遠く及びません」

自分が目標になっているとわかれば、悪い気はしません

「なるほど！　まったく気がつきませんでした。やはり、部長の見方はすばらしいですね」

ここで拍手すると、ふざけた感じになっちゃいます

相手の能力を口説く②

大きなプロジェクトが成功したとき

「この成功のカギは、君の迫力あるプレゼン力にあったよ。ありがとう」

部下の能力を評価するときは大げさでもOK

「私は石原部長のご指示に従ったまでです。部長の部下でよかったです」

上司には何よりのほめ言葉

「あのときのアドバイス、うれしかったよ。本当に助かった」

同僚には素直にお礼を。人間関係もよくなります

相手の能力を口説く③

女性社員の気を引きたいとき

「相沢さんの作ってくれた資料は、とてもよかったよ」

あいまいな言葉より、具体的にほめましょう

「この製品の色づかい、いいですね。石黒さんならではの感性ですね」

センスのよさをほめるのも効果的

「海野さんの丁寧な応対は、先方の部長も感心していたよ」

第三者を通した言葉は、信憑《しんぴょう》性が高まります

相手の能力を口説く④

上司をヨイショしたいとき

「今日のお言葉は、いつにも増してすばらしいですね」

「いつにも増して」がポイントです

「以前から江上部長直《じき》々《じき》にご指導を頂きたかったんです」

「憧《あこが》れていました」と思いをこめて

「折り入って、岡田部長に相談したいことがあるんですが……」

相談されると上司はうれしいもの

相手の能力を口説く⑤

部下を口説きたいとき

「君の熱心さには、いつも感心しているよ」

上司に気にかけられていると部下は喜びます

「こんな斬《ざん》新《しん》な発想は、今まで思いつかなかったよ」

こう言われると、部下はもっと張り切ります

「前から思っていたけど、実にしっかりした読みやすい字を書くね」

小さなことでもしっかり評価してあげましょう

相手の魅力を口説く①

見た目を口説きたいとき

「スポーツジムに行ってるの？ さらに引き締まった感じがするね」

ただ「スマートになった」と言うより何倍も効果的

「ぜひ、若さの秘《ひ》訣《けつ》を教えてください」

言われた人は、ついにこやかに

「えっ、50歳なんですか？ ビックリしました」

大げさに目を見開いて言ってみよう

相手の魅力を口説く②

人柄を口説きたいとき

「今回のトラブルが収まったのも、鎌田さんのご人徳ですよ」

ある程度の年齢の人には有効

「あの人、君に感謝していたよ。『今どき珍しい』って」

第三者の言葉は、案外残りやすい

「君と会っていると、日《ひ》頃《ごろ》のストレスも忘れちゃうよ」

「癒《いや》し系」の人にはこれです

相手の魅力を口説く③

ファッションを口説きたいとき

「今日のネクタイ、スーツによく似合ってますよ」

ネクタイとスーツ選びは意外と難しいものです

「秋らしい装いですね。とても決まっていますよ」

季節を取り入れた言葉も効果があります

「いい靴ですねぇ。よく手入れされているのが、わかります」

おしゃれにこだわる人には、靴をほめるのがポイント

相手の魅力を口説く④

自信ありげな人を口説きたいとき

「この程度は、余裕でクリアしているね」

その気にさせればもっとやってくれる

「さすが木内さん、どんなトラブルにも動じないですね」

「まあね」と返事してくれれば、しめたもの

「リーダーにピッタリですね。
慕ってくる後輩が多いでしょう?」

人望がありそうなタイプには

相手の魅力を口説く⑤

おとなしげな人を口説きたいとき

「何となく、真剣に話を聞いてくれる気がするんだよね」

ここまで言えば「NO」とは答えにくい

「穏やかでいて、何となく理知的な雰囲気があるよね」

知識・知恵を借りたいときは

「静かだけど、心の奥に秘めたパワーを持っている感じだよね」

僕のためにオープンにしてほしい

相手の魅力を口説く⑥

若づくりな人を口説きたいとき

「お嬢さんと一緒にいても、
親子には見られないんじゃない
ですか？」

子どものいる年配の女性にはこれ

「やはり、落ち着いた色より、
きれいな色が似合いますよ」

ファッションの変化をよく見てあげましょう

「同じ年代の人たちより、一回り下
だと思いましたよ」

多少言い過ぎでも悪い気はしない

相手の魅力を口説く⑦

中年の渋さを口説きたいとき

「『仕事が顔をつくる』って本当なんですね」

言われると気分がいいはず

「久米さんみたいに年を重ねたいです」

こう言える部下はかわいがられます

「雑誌のモデルみたいですよ」

「ちょい不良《ワル》」「枯れ専」雑誌がブームですから

相手の魅力を口説く⑧

人生経験豊かな人を口説きたいとき

「飯島さんからは、まだまだ学ぶべきことが多いですね」

謙虚に教えを請う姿勢で

「言葉の一つひとつに、含《がん》蓄《ちく》がありますよね」

「一つひとつ」をゆっくり丁寧に言ってみよう

「プロの仕事とはこういうことですよね。みんなも見習ってほしいですね」

「学ばないのはもったいない」というニュアンスで

相手の魅力を口説く⑨

老いても元気な人を口説きたいとき

「まだ現役で剣道を！　達者でいらっしゃいますね」

肉体の衰えは、本人が一番感じているからこそ……

「いまだに経営陣を叱咤《しった》激励されるなんて、生涯現役ですね」

「若い連中には負けん」と血気盛んな人に

「そうですか、夜の銀座に……まだまだお盛んですね」

若さの秘訣《ひけつ》はやっぱり「女性好き」

感謝の気持ちをこめる①

商談がまとまったとき

「山口課長のご尽力で、何とかここまでこぎつけることができました」

まずは労をねぎらいましょう

「玉田部長の人間的魅力が、成約につながった第一の要因です」

商談で人柄のよさをほめられると気分がよいもの

「猫田係長には商売をする上で大事なことを教えられた気がします」

その道のベテランが相手なら

感謝の気持ちをこめる②

外注先にいい仕事をしてもらったとき

「さすがですね。頼んだ甲《か》斐《い》がありました」

こう言われると、多少の無理も聞いちゃうもの

「うまいですねぇ。やっぱり専門家は違いますよ」

相手のプライドをくすぐってあげましょう

「次も勝田さんの会社に頼まないわけにはいかないですねぇ」

担当者の名前を入れると、喜びもひとしお

感謝の気持ちをこめる③

ピンチを救ってもらったとき

「大変助かりました。『地獄で仏』とは、まさにこのことです」

まじめな話、ホントに仏様の顔に見えてきます

「『リリーフエース』という言葉は、佐藤さんのためにあるようなものですね」

何かと頼りになる存在です

「林田さんには、もう足を向けて寝られなくなりました」

寝る前に、足の方向を確かめましょう

教えてもらう①

上司から教えを受けたいとき

「後進を育てる意味で、課長の持っておられるノウハウを、ぜひご教示ください」

上司の使命感に訴えて

「私には初めての案件ですので、スムーズに進めるためのポイントをお伺いしたいのですが……」

仕事への意欲を示しましょう

「ここまでは何とかできたのですが、その先がどうしてもわからなかったものですから……」

自分の努力もアピールすると好感度ＵＰ

教えてもらう②

ライバルに教えてもらいたいとき

「ここはお互い、ギブアンドテイクでいかないか？」

協力関係を結べると意外な力に

「正直に言うと、君の深い知識にはかなわないんだ」

相手の能力を素直に認めてみよう

「Ａ案について、部長はこう言ってるんだが、君はどう思う？」

第三者をダシに使ってみるのがポイント

教えてもらう③

後輩から教わりたいとき

「関君は、このジャンルに詳しいんだってね」

優越感から得意になって教えてくれるかも

「今度のプロジェクトには、君の知識がぜひとも必要なんだ」

特殊な趣味や能力、資格などを見つけたら

「今回の件について、上下関係抜きで話し合ってみないか」

後輩のホンネを知るいいチャンス

教えてもらう④

自分の無知を相手に知られたくないとき

「度忘れしちゃったんだけど、××ってどうすればいいんだっけ？」

「たまたまちょっと忘れてるだけ」ということを強調して

「一度、他《ほか》の人のやり方も見てみたいんだけど、君ならどうする？」

「試されている」と相手に意識させて

「みんな『君が博識だ』って言うもんだから、念のために聞くんだけど」

普段から自信ありげな人には

教えてもらう⑤

密《ひそ》かに思いを寄せる女性が相手のとき

「仕事が早いと感心してたんだ。その秘《ひ》訣《けつ》を今度詳しく教えてよ」

オンとオフ、両方うまくいくことを狙《ねら》って

「お得な情報があるからメールで送るよ。そうだ、アドレスは？」

勢いで突破口を開け

「親《しん》戚《せき》が君と同い年なんだけど、どんな誕生日プレゼントがいいかな？」

これって案外、親身にアドバイスしてくれるかも

接触を持ちたい①

アポイントを取りたいとき

「村山次長が前から探しておられた鉄道ゲージを入手したんですよ」

相手の趣味を最大限に利用しよう

「うちの新商品について、ぜひ西本課長のご意見を伺いたいんですが」

「あくまでご意見」と強調してみる

「明日、近くで用事がございますので、高木専務のご尊《そん》顔《がん》をぜひにと思いまして」

古めかしい表現も、かえって新鮮に響くかも

接触を持ちたい②

一目惚《ぼ》れの女性にアプローチしたいとき

「ぼ、ぼくと一度でいいから、外で会ってくださいッ！」

まずは、その純な気持ちを素直に出してみよう

「君のことがどうしても頭から離れないんだ。だから…だから……」

もう少し、言葉を飾る余裕があるなら

「僕の気持ちは、100万本のバラでも足りないんだ」

芝居がかった態度が、相手の関心を引くことも

丁寧さでアピール①

自分の人間性をよく見せたいとき

「柄《がら》にもないことを言ってしまい申し訳ありません」

自己主張しつつ謙虚さも示しておこう

「かえってご迷惑をおかけするのではないかと思いまして……」

気遣いができるところをアピール

「いろいろとご事情もおありかと存じますが……」

まず相手の立場を尊重することが大切

丁寧さでアピール②

相手先を訪ねたとき

「ちょうど近くに来たものですから『お顔だけでも』と思いまして」

気にかけてくれているんだなと思わせます

「今日は、貴重なお時間を頂戴《ちょうだい》いたしまして、ありがとうございます」

どちらかといえば、地位の高い人向き

「お噂《うわさ》はかねがね……。一度ごあいさつにと思って、伺いました」

それなりの情報収集をお忘れなく

励ます①

相手にやり直しをさせたいとき

「これで十分だけど、君の分析力ならもうひとつ上のものができるはずだよ」

相手の長所を刺激してみてもよいでしょう

「確かにいいんだけど、もうひとつ何かがあるとよくなると思わないか?」

問題点に気づかせるやり方も

「ここに○○を加えたら、より説得力が出るんじゃないかな」

改善点を具体的に指摘するのも有効です

励ます②

相手の営業成績がパッとしないとき

「今はダメでも、地道に続ければ必ず花開くよ」

「人生山あり谷あり」です

「いつもがんばっているご褒美に、君の好きな焼き鳥をおごるよ」

努力をしている人には響きます。グチも聞いてあげよう

「俺《おれ》にもそういうことが長く続いたときがあるよ」

こんな一言に慰められることも

励ます③

仕事を急がせたいとき

「限られた時間で一定の成果を出すのがプロの仕事だよ」

叱《しっ》咤《た》した方が奮起するタイプには

「どうしたの？ 問題があるなら、何でも手助けするよ」

サポートする姿勢を見せることも励みに

「いつもより、もう少しだけ急いでほしいなぁ」

もともと仕事がスローな人に

励ます④

部下が仕事で失敗したとき

「君らしくもない。まだまだやれるだろ?」

期待していることを前面に

「君の成長にとってはいい経験になったじゃないか」

失敗から何かを学んでほしいときに

「君の失敗はチームの責任でもある。みんなで取り返すから一緒にがんばろう!」

ひとりの失敗が仲間の連帯感を高めることも

やる気を引き出す①

後輩が落ちこんでいるとき

「こんなときは、とことん落ちこんでみな。あとは上がるだけだよ」

肩に手をかけ、やさしい目をして

「今の自分を客観視してごらん。それができれば出口は近いよ」

解決への道筋をそっと教えてあげよう

「自分はダメだって？　そんなことないぞ。俺《おれ》はお前を買ってるよ」

自虐的になっていたら、やさしく打ち消してあげよう

やる気を引き出す②

相手がだらけているとき

「自分なりの目標を立てて、やってごらんよ」

とりあえず自分の目標を決めさせることが肝心

「まずは目の前の仕事から片づけていこうよ」

とにかく動いてもらわないと始まらない

「おっ、いい動きしてるねぇ。その調子だ」

少しでも動き始めたら、加速させてあげよう

やる気を引き出す③

ご褒美を渡すとき

「よくがんばってくれたね。少ないけど、これでみんなと一杯やってくれ」

ご褒美は、みんなで分かち合おう

「いい仕事をしてくれてありがとう。君に明日、金一封を出すことにしたよ」

報酬は時間を置かず、すぐに渡しましょう

「今度のプロジェクトは大変だったね。３日間の特別有給休暇をとっていいよ」

忙しい人ほど「時間」のご褒美はたまらない

逃げ腰の相手を捕まえる①

タイトなスケジュールで仕事を頼みたいとき

「こんな短期間で完成させたら、業界でもきっと評判になるのでは？」

相手の功名心に訴えてみるのも手です

「こちらも辛《つら》いんですが、万全のバックアップ態勢でいきますから……」

先方との一体感を演出してもよいでしょう

「このスケジュールでやれるのは、もう君しかいない。何とか頼むよ」

最後は土下座する勢いで頼みこもう

逃げ腰の相手を捕まえる②

値下げをお願いしたいとき

「もう一声！ その値段にして頂けたら私も上を説得しますから」

こちらも上司とやりあう覚悟を示して

「長いおつき合いになると思いますので、もう少し勉強して頂けませんか？」

長期の安定取引を匂《にお》わせて

「『損して得取れ』って言葉がありますけど、今回がまさにそうなんです」

相手にもメリットがあることを強調して

決断をうながす①

取引先に「うん」と言わせたいとき

「この機会を逃してしまうと、
御社としても問題になるのではありませんか？」

少し突き放して「忠告」という感じで

「今までの説明で、ご不満に思われた点はございませんよね？」

じわりじわりと相手を追いこみます

「仮に、このプランを採用して頂くとして、いつごろ、どのような形になるでしょうか？」

「仮の話」を実現させるテクニックです

決断をうながす②

優柔不断な相手のとき

「悩まれるお気持ちはわかります。
私も一緒に考えますから」

相手の「迷い」の原因を探ってみることが大切

「どんな結論でも受け入れます。
あとはあなた次第です」

決断しやすい雰囲気をつくってあげよう

「まずやってみたら、新しい展開も
考えられるのでは？」

背中を押してほしい相手には、効果的

決断をうながす③

相手の決断を変えたいとき

「ご決断には敬意を表します。では、この要素を加えたら違ってくるのでは？」

まずは尊重すること。その上で、別の側面からアプローチ

「もし、ご不満の点を解消できましたら、ご再考いただけますか？」

時間的余裕があれば、再チャレンジを狙《ねら》おう

「このままでは交渉決裂です！
別の選択肢も頂けないでしょうか？」

切迫感を与えて、ギリギリまで粘ることも必要

決断をうながす④

交際を迫りたいとき

「いろんな人と知り合えば、世界がもっと広がるよ」

まずは軽いジャブから

「僕の魅力はパッと見だけじゃ、なかなか伝わらないと思うんだ」

自信があるなら、こんなセリフでも

「やっと君という『運命の人』に出会えたんだ」

クサいセリフも、演出の仕方でドラマの1シーンのように聞こえます

「NO」と拒否されたら①

取引が不成立になったとき

「これを糧《かて》に、私どもも勉強させて頂きます」

これが「大人の対応」ってものです

「次回、お役に立てそうなときはぜひお声を」

あくまで「相手を上に、自分は下に」

「このままでは不完全燃焼です。リベンジの機会をぜひ！」

熱い男を演じるのも、好印象かも

「NO」と拒否されたら②

部下が仕事を断ってきたとき

「木島君ならと思って、僕は部長に推していたんだけどな」

上司からの期待があることを匂《にお》わせて

「どのあたりが難しいかな？　それをまず解決していこうよ」

「じゃあいい」では、部下は育ちません

「あえて言わなかったんだが、この仕事は君の将来に生きてくるんだ」

含みを持たせて説得する方法もあり

「NO」と拒否されたら③

彼女が誘いを断ってきたとき

「なんか、無理を言ったようで
悪かったね」

女性に「悪かったかな」と思わせたらしめたもの

「わかった。君の気持ちが変わったら
いつでも言ってよ」

あくまで女性のリードで、男は受け身で

「自分にもっと磨きをかけて、
いつかもう一度トライするよ」

「まだあきらめていない」というニュアンスで

感動を伝える①

上司の趣味を見せられたとき

「新山部長のギター演奏は、もう『見事』というほかないです」

「聴きにきてよかった」と心をこめて

「山野常務の骨董《こっとう》コレクションは、目の肥やしになりますね」

相手も「見せた甲斐《かい》があった」と上機嫌に

「これがあの……ため息が漏れますねぇ」

とっておきの物を見た際には、間《ま》を取ることが肝心

感動を伝える②

ごちそうになったとき

「初めて口にしましたが、おいしくて舌がとろけそうでした」

的確に表現すると、またごちそうしてくれそう

「明日から、一層がんばります！」

タダより高いものはない

「おいしかったです。ごちそうさまでした！」

締めはやはり、この一言

感動を伝える③

デートにつき合ってもらったとき

「今日は、楽しい時間をどうもありがとう」

まずは定番のセリフが自然に出るように

「疲れなかった？　無理をさせてしまってゴメンね」

何気に気遣いの言葉が効きます

「１日ではとても時間が足りない。もっと君の事が知りたくなったよ」

雰囲気が盛り上がったところで

疑いを晴らす①

自分の能力が疑われているとき

「今は不安なのもわかりますが、
結果を見てからでも遅くないですよ」

自分は「結果を出す男」だと訴えて

「それが、今まで自分の力を試せる
機会がなかったものですから」

秘められた実力があることをそれとなく

「実は私、学生時代から『瀬戸際
の魔術師』と呼ばれておりまして」

キャッチフレーズで自分のスタイルをアピール

疑いを晴らす②

愛情が疑われているとき

「僕の気持ちが変わっていないことを証明させてよ」

まずは相手からチャンスをもらおう

「そういえば、次の日曜はふたりが初めて出会った日だね」

こういう「ふたりだけの記念日」をダシにして

「はい、コレ。いつも君が○○で困っていただろ?」

「いつも気にかけている」とさりげなく

疑いを晴らす③

浮気を疑われているとき

「君以外の人がいるわけないじゃないか！」

最初から全面否定が鉄則です

「本気で疑ってるなら何も言えない。だって僕には君を疑えないから」

詭《き》弁《べん》っぽいですが、意外に効果ありかも

「バカだなぁ。あれはうちの○○だよ」

古典的ですが、疑惑の段階ならこれ。顔を引きつらせないように

悪魔のささやき

相手の欲望を刺激したいとき

「これは他《ほか》ではまず手に入らない品なんですよ」

「独占欲＝自分だけ」という喜びは誰《だれ》にでもあります

「福田様のような方でしたら、これ位のものはお持ち頂かないと」

成り上がりほど虚栄心が強いと言われます

「××財団の会長になって頂けましたら、社会的評価もさらに高まると思いますよ」

どんな人格者でも名誉心には弱いとか

とにかく口説く①

相手に特にこれといった取り柄がないとき

「うまく表現できないけど、何となく味があるんだよなあ」

あえてあいまいにするのも手

「君は、大器晩成型だと思うよ」

「瓢箪《ひょうたん》から駒《こま》」ってことも

「しばらく時間がたつと、なぜか無性にお会いしたくなるんです」

回を重ねると、隠れた魅力が発見できるかも

とにかく口説く②

苦手な相手のとき

「石川次長の熱心なご指導には、
いつも感謝しています」

命令口調でえらそうに言う相手には

「瀬戸山係長のご指摘はとても
率直で、わかりやすいです」

ずけずけと意見を押しつけてくる相手には

「堂本主任は感情が実に豊かで、
人間味にあふれてますね」

感情的に物を言う相手には

とにかく口説く③

年上の部下のとき

「さすが小島さんですね。私の手に負えなかったので、助かりました」

部下でも敬う気持ちが大事です

「やっぱり桜井さんがいなければ、営業部はまとまりませんよ」

頼られると年上は気持ちがいいもの

「この業界のことなら志村さんだと思って、ぜひお願いしたいのですが」

経験は何物にも代えがたい

とにかく口説く④

新入社員が相手のとき

「へぇ、その話よく知ってるね。
僕も教えられるなぁ」

得意分野の話には、興味を示してあげよう

「電話応対がうまくできるように
なったね。飲みこみが早いよ」

小さな進歩も見逃さずにほめてみよう

「僕が新人のころには、そこまで
うまくできなかったなぁ」

相手に自信をつけさせるのに効果的

とにかく口説く⑤

水商売の女性が相手のとき

「僕なんか来なくても、指名がいっぱいあるんでしょ？」

ちょっと嫉妬心《しっとしん》を交えて拗《す》ねてみよう

「君は『自分の××は嫌い』って言うけど、俺《おれ》は好きだよ」

コンプレックスはほめてあげることがコツ

「他《ほか》の店に行っても、なぜか玲緒奈《レオナ》ちゃんと比べちゃうんだよな」

「最後はやっぱり……」と目で訴えよう

誘う①

先輩（上司）に ごちそうしてもらいたいとき

「普段、田畑さんはどんなところへ飲みにいらっしゃるんですか？」

かわいい後輩を演じましょう

「プライベートなことで、実はご相談したいことが……」

悪い気がする上司はいないでしょう

「課長。実はもう金欠で、次の給料までキビシーんです……」

後輩（部下）たる特権をフル活用

後輩を飲みに誘いたいとき

「なじみの店の女の子に君のことを話したら、興味を持ってねぇ」

男ならたいがい話に乗ってくるはず

「うちの課のことで、実は話したいことがあるんだ」

「君を信頼して」というニュアンスをこめて

「夕食をおごるから、一緒につき合わないか？」

特に後輩が独身ならうれしいはず

誘う③

女性をランチに誘いたいとき

「ちょっとおもしろい店を見つけたんだけど、行ってみない？」

「ちょっとおもしろい」が気を引きます

「ランチがおススメの店を教えてよ」

「お礼に今度は僕の……」とつながります

「折り入って相談したい案件があるんだけど、ランチと兼ねて、どうかな？」

「仕事の相談なら」と、納得してくれるでしょう

誘う④

女性をディナーに誘いたいとき

「今度お客様を接待するんだけど、一緒に下見に行かないか？」

接待する店はそれなりに高級ですから

「君にピッタリの店を見つけたから、行ってみようか？」

「私のため？」と思ってくれるとしめたもの

「今人気の店の予約が取れたんだけど、どう？」

好奇心のある女性なら、うなずくはず

誘う⑤

女性を飲みに誘いたいとき

「うまいワインを飲ませる店があるんだ。行ってみない?」

お酒好きの女性は期待します

「この間、隠れ家みたいな店を見つけたんだ。行ってみようか?」

ミステリアスな感じが好きな人なら

「おごるから、軽〜く一杯いかない?」

ホントに軽いノリで。あとは流れに任せて

相手を引きつける①

初対面の相手のとき

「鬼塚さんの会社の野球部は、
いい選手がそろっていますよね」

まずは相手の周りのことから口説いてみよう

「木佐貫さんは鹿児島ですか。
雄大ですよね、桜島って」

相手の出身地をほめると話が弾むことも

「今日はとても有意義でした。
これからもよろしくお願いします」

別れ際、何気ないセリフが効きます

相手を引きつける②

相手があまり乗り気でないとき

「へぇ、そうなんですか。
で、その後はどうなりました？」

つまらない話も最後まで食いついてみせることが肝心

「そうですよね、確かにそんな立場でしたら辛《つら》いですよね」

相手のグチにも感情をこめて話を合わせよう

「課長、今日はなんだか具合が悪そうですね。大丈夫ですか？」

体調の変化には細やかな気遣いを

相手を引きつける③

合コンでアピールしたいとき

「相田さんの『シオン』て名前、
とてもいいよね。どんな字なの？」

相手のことならとにかくアピール

「僕は星の観察が趣味なんだ。
山の中で見るとすっごくきれいで
さぁ」

自分の趣味を披露して、反応を見るのもよし

「あれっ？　確か藤井小《さ》百《ゆ》合《り》さん、
でしたよね。ちょっといいかな？」

相手をフルネームで呼び、すかさず隣の席をゲット

下心を隠す①

取引先を接待したいとき

「仕事の話はさておき、武内課長とざっくばらんにお話ししたいと思いまして」

「ざっくばらんな話」がミソです

「今度、小宮部長がお好きな歌舞伎《かぶき》でもいかがですか？」

接待は相手の好みを優先的に

「大丈夫。うちで全て持ちますから、パーッといきましょう」

先方だってストレス発散がしたいはず

下心を隠す②

彼女の水着姿が見たいとき

「どこかプライベートビーチでのんびりしてみない？」

まずは水着になる場所に誘ってみよう

「今、流行の水着ってどんなのだっけ？」

一緒に買いに行くのもよいかも

「あのホテル知ってる？ そこのプールに有名人が来るって噂《うわさ》だよ」

有名人好きには効果的。嘘《うそ》はダメですが、噂なら……

下心を隠す③

彼女とお泊まりしたいとき

「あれぇ、終電なくなっちゃったね。どうしようか？」

言葉のキャッチボールは大切です

「今夜は帰さないよ」

決めゼリフが使えるには、場数が大事

「最近のラブホって、すごいらしいよ」

夜には好奇心をくすぐる下ネタトークも

構ってほしい

ちょっとエッチな気分のとき

「何となく誰《だれ》かに慰めてほしいな」

上目遣いでどうぞ

「よそ見なんかしないで、
こっちを見て」

すこし強めに言うといいでしょう

「ふたりだけの秘密をつくろうか？」

耳元でささやくように

まとめ

「口説きたいけど、どのように言えばよいか？」「口説いたつもりが相手に届かない」といった経験のある方は、少なくないでしょう。

「効き目バツグン！　口説きの実践例」では、口説くことで状況が変わる代表的な場面を取り上げ、それぞれ３つの言い回しを挙げました。

実際は、状況によって無限にありますが、忠実に再現しようとすると、その背景について説明が必要です。

３つの言い回しを基本に、相手や状況に合わせてアレンジし、思い切って挑んでみてください。

口説くには、「タイミング」が重要です。

たとえ、どんなによい口説き方でも相手に届かなければ、せっかくの口説き文句も台無しです。

口説きには「ＴＰＯ」があるのです。

実力アップ
トレーニング

この章は、口説き上手となるための**トレーニング**が目的です。

左ページにノーマル表現を、右ページにそれぞれ対応した口説き度がUPする表現をセットにして、見開きページ**36パターン**で構成されています。

また、より効果的にさせるために、右ページにある口説き度UPの表現部分を、本のカバーの折り返し部分（※イラスト参照）で伏せることによって、ノーマル表現に対応する口説き度UPの表現を自分なりに考えながら読むことができます。

実際に、自分であれこれ表現を工夫していく中で、口説き度をアップさせる言い方がしっかり身につき、あなたの口説き力をいっそう磨くことができるでしょう。

ノーマル表現

No.001

一流ですね

No.002

運がいいね

No.003

遅くまでがんばるね

No.004

落ち着いたね

No.005

かけ引きがうまいね

No.006

型破りだね

（第一人者ですね）

（引きが強いね）

（仕事の鬼だね）

（貫《かん》禄《ろく》が出てきたね）

（戦略家だね）

（無頼派だね）

ノーマル表現

No.007

変わり身が早いね

No.008

きちょうめんだね

No.009

勤勉だね

No.010

血気盛んだね

No.011

豪快だね

No.012

行動力があるね

口説き度 UP

（臨機応変だね）

（一分の隙《すき》もないね）

（出世頭になるね）

（燃える闘魂だね）

（見事としかいいようがないね）

（幕末の志士みたいだね）

ノーマル表現

No.013

答えが早いね

No.014

社交的だね

No.015

自由だね

No.016

純粋な人だね

No.017

常識的だ

No.018

職人だね

口説き度UP

（仕事がやりやすいよ）

（誰《だれ》とでも仲良くなれるね）

（君の思いのままだね）

（純真無《む》垢《く》な人だね）

（君がルールだ）

（匠《たくみ》の技だね）

ノーマル表現

No.019

好きになりそう

No.020

たたき上げですね

No.021

手堅くこなすね

No.022

努力家だね

No.023

軟派だね

No.024

にぎやかだね

口説き度 UP

(惚《ほ》れちゃいそう)

(一代でここまで成し遂げたんですね)

(安心して一任できるね)

(将来楽しみだね)

(モテ男だね)

(いつも陽気でうらやましい)

ノーマル表現

No.025

さっぱりしているね

No.026

鼻が利くね

No.027

早いね

No.028

無難だね

No.029

ベテランだね

No.030

見とれちゃう

口説き度 UP

竹を割ったようだね

勘が鋭いね

いい仕事するね

的を外さないね

すごいキャリアだね

我を忘れそうだ

ノーマル表現

No.031

魅力的だよ

No.032

やりくり上手だね

No.033

やり手だね

No.034

優等生だね

No.035

良い品ですね

No.036

立派になったね

口説き度UP

悩殺されそうだよ

いい奥さん(ダンナさん)になれそう

相当な腕前だね

みんなのお手本だね

折り紙つきですね

もう安心して独り立ちできるね

まとめ

「武士は己を知る者のために死す」という諺《ことわざ》がありますが、これは「武士は自分を理解してくれる主君のためなら命も惜しまない」という意味です。この本をここまで読み進めてきたあなたは、口説きのポイントが、まさにこの点にあると気づいているかもしれません。

人を動かすためには、まず相手を理解し、相手にも「理解されている」と思われる必要があります。それが、相手から信頼を得ることにつながるのです。

一旦《いったん》、信頼関係ができあがると、多少無理な頼み事でも相手は引き受けてくれるようになります。

そのためにも、自分の気持ちをピタリと言い表し、相手の心に響く表現を身につけておくことは重要です。

自分のキャラクターに合った、口説きの表現を見つけてください。

【監修者紹介】

下村　昇（しもむら　のぼる）

1933年、東京都に生まれる。東京学芸大学卒業後、東京都の小学校教員となる。その間、都立教育研究所調査研究員、国立教育研究所学習開発研究員、全国漢字漢文研究会理事などを歴任する。
現在は「現代子供と教育研究所」所長。
漢字・カタカナ・ひらがな・数字等の「唱えておぼえる口唱法」を提唱。中でも『下村式・唱えておぼえる漢字の本』（学年別・偕成社）は、刊行以来450万部を突破している。
ほかに『この漢字の書き順 知っていますか？』（青春出版社）、『文字に強い子どもはことばに強くなる』『正確に知っておきたい日本語』（以上は自由国民社）、『大人のための漢字クイズ』（ＰＨＰ研究所）、『わかってる先生のことば講義』（論創社）など、著述書籍は絵本・童話、辞書、教育書など含めて、百数十冊に及ぶ。
ホームページ　http://www.n-shimo.com/

ココロをつかむ！
「口説き方」上達BOOK

2008年11月5日　初版発行

監　　修　　下村　昇
編　　者　　シゴト向上委員会
装　　丁　本文デザイン
　　　　　　川原田良一
発 行 者　　仁部　亨
編集協力　　株式会社ぷれす
発 行 所　　総合法令出版株式会社
　　　　　　〒107-0052 東京都港区赤坂1-9-15
　　　　　　　　　　日本自転車会館2号館7階
　　　　　　電話 03-3584-9821（代）
　　　　　　振替 00140-0-69059
印刷・製本　中央精版印刷株式会社
ISBN978-4-86280-108-1

総合法令出版株式会社ホームページ　http://www.horei.com